30일간 하루 10분 일본어 필사

"일본어 필사로 성공적인 자기계발 여정을 시작하세요"

년   월   일

30일간 하루 10분 일본어 필사

Mædəlin Buk

"동기부여와 함께하는 인생의 가치 탐색"

《30일간 하루 10분 일본어 필사》는 일본어 학습자들에게 일본어 실력 향상과 함께 인생의 필수 항목을 탐구하는 독특한 자료입니다. 이 책은 총 10개의 다양한 주제로 구성되어 있으며, 각 주제는 인생에서 필요한 항목들을 다루고 있습니다. 각 주제는 다시 3개의 작은 주제로 나누어, 총 30개의 주제를 한 달 동안 필사할 수 있습니다.

일본어 필사만으로 일본어 실력을 향상시킬 수는 없겠지만, 30일간 꾸준히 일본어 필사할 수 있도록 계획성 있는 자기 관리를 통해 성장 기반을 마련할 수 있습니다. 더불어 일본어 필사 내용 또한, 인생에서 필요한 다양한 항목들에 대해 탐구하고 이해할 수 있도록 선별하였습니다. 각 주제는 자기 계발, 리더십, 성공 이야기, 긍정적 사고, 시간 관리, 재무 관리, 건강과 웰빙, 자기 탐색, 창의성, 그리고 관계에 대한 주제들로 구성되어 있습니다.

《30일간 하루 10분 일본어 필사》를 통해 선별된 주제와 관련된 일본어 본문을 읽고 번역하며, 본문의 주요 단어와 관련된 명언을 습득하면서 독자들은 인생의 중요한 가치와 개념을 탐구합니다. 더 나아가, 이 책은 독자들에게 음성 MP3 파일을 제공하여 일본어 본문을 듣고 발음과 억양을 향상 시킬 수 있는 기회를 제공합니다. MP3를 통해 학습자는 정확한 발음과 억양을 따라 해 보며 일본어 실력을 더욱 향상시킬 수 있도록 반복적으로 들어봅니다.

《30일간 하루 10분 일본어 필사》는 30일간 자신을 성찰할 수 있는 계기가 될 것이며, 일본어 필사를 계획에 맞춰 하나씩 채워 나갈 때의 즐거움과 심리적 안정감을 함께 느낄 수 있습니다. 이 책을 통해 계획한 바대로 이루어지는 성취감과 만족감을 느껴보시기를 바랍니다.

목차

潜在能力の解放: 個人成長の旅路

我々はみんな、無限の可能性を秘めた存在です。しかし、その潜在能力を
最大限に引き出すためには、自己認識の深化が重要です。自己啓発の旅は、
自分の強みと弱点を明確に理解し、それに基づいた具体的な行動計画を立
てることから始まります。新たな挑戦や失敗を恐れずに、果敢に行動を起こす
勇気が求められます。そして、そのプロセスを通じて、我々は限界を超える力
を発揮し、より良い未来を切り開くことができます。

"人は自分が変われば、運命も変わる。"
- 夏目漱石

我々 우리 可能性 가능성 理解 이해하다 具体的 구체적 超える 초월하다

──(해석)──

잠재력의 해방: 개인 성장의 여정

우리는 모두 무한한 가능성을 갖고 있는 존재입니다. 그러나 그 잠재능력을 최대한 발휘하기 위해서는 자기 인식의 심화가
중요합니다. 자기계발의 여정은 자신의 강점과 약점을 명확히 이해하고, 그를 기반으로 한 구체적인 행동 계획을 세우는
것에서 시작됩니다. 새로운 도전이나 실패를 두려워하지 않고, 대담하게 행동하는 용기가 필요합니다. 그리고 그 과정을
통해 우리는 자신의 한계를 초월하는 힘을 발휘하며, 더 나은 미래를 개척할 수 있습니다.

"사람은 자신이 변하면, 운명도 변한다."
- 나쓰메 소세키

10

❶ **꾸준한 일일 학습:** 매일 10분씩 시간을 내어 일본어 필사를 진행하세요. 꾸준함이 중요하며, 하루에 10분씩이라도 지속적으로
학습하는 것이 중요합니다. 약속한 시간을 지키고 계획을 따르면서 꾸준히 노력해야 합니다.

❷ **주제별 학습:** 이 책은 총 10가지 다양한 주제로 구성되어 있습니다. 각각의 주제는 인생에서 필요한 항목들을 다루고 있으며,
자기 계발, 리더십, 성공 이야기, 긍정적 사고, 시간 관리, 재무 관리, 건강과 웰빙, 자기 탐색, 창의성, 관계 등의 주제를 다룹
니다. 주제별로 학습을 진행하면서 해당 주제에 대한 일본어 본문을 읽고 필사하면서 동시에 주제에 대한 내용을 이해하고
습득할 수 있습니다.

❸ **어휘 습득:** 일본어 본문의 주요 어휘를 통해 표현력 및 독해력을 향상시킬 수 있습니다. 일본어 본문을 읽고 번역하며 새로운
단어나 문법 구조를 습득하고 학습합니다. 이를 통해 일본어 실력을 향상시킬 수 있습니다.

❹ **명언과 인용구 습득:** 일본어 필사를 하면서 본문의 내용과 관련된 명언이나 인용구를 습득할 수 있습니다. 이를 통해 일본어
실력뿐만 아니라 인생의 가치와 개념을 탐구할 수 있습니다.

읽고 들고 쓰기   년   월   일

MP3

❺ **음성 MP3 활용:** 이 책은 음성 MP3 파일을 제공합니다. 일본어 본문을 듣고 발음과 억양을 향상시킬 수 있는 기회를 제공하며, 정확한 발음과 억양을 따라해보며 일어 실력을 더욱 향상시킬 수 있습니다. 반복적으로 들어봄으로써 일본어 듣기 능력을 향상시킬 수 있습니다.

❻ **쓰기 활용:** 필사는 일본어 원문을 읽고 이해하는 과정에서 문맥과 구조를 파악하고 핵심 아이디어를 추출하는 능력을 키울 수 있습니다. 홈페이지에서 무료로 제공하는 필사 노트 pdf 파일을 다운받아 직접 글을 써보며 자신만의 필체를 완성해 보세요.

자기계발

じ こ けいはつ
自己啓発

자기 계발에 대한 책은 자신을 개선하고
성장하기 위한 다양한 방법을 다룹니다.
자신에 대한 이해, 목표 설정, 습관 형성 등의
주제를 포함할 수 있습니다.

潜在能力の解放: 個人成長の旅路

我々はみんな、無限の可能性を秘めた存在です。しかし、その潜在能力を最大限に引き出すためには、自己認識の深化が重要です。自己啓発の旅は、自分の強みと弱点を明確に理解し、それに基づいた具体的な行動計画を立てることから始まります。新たな挑戦や失敗を恐れずに、果敢に行動を起こす勇気が求められます。そして、そのプロセスを通じて、我々は限界を超える力を発揮し、より良い未来を切り開くことができます。

> "人は自分が変われば、運命も変わる。"
>
> -夏目漱石

我々 우리　可能性 가능성　理解 이해하다　具体的 구체적　超える 초월하다

(해석)

잠재력의 해방: 개인 성장의 여정

우리는 모두 무한한 가능성을 갖고 있는 존재입니다. 그러나 그 잠재능력을 최대한 발휘하기 위해서는 자기 인식의 심화가 중요합니다. 자기계발의 여정은 자신의 강점과 약점을 명확히 이해하고, 그를 기반으로 한 구체적인 행동 계획을 세우는 것에서 시작됩니다. 새로운 도전이나 실패를 두려워하지 않고, 대담하게 행동하는 용기가 필요합니다. 그리고 그 과정을 통해 우리는 자신의 한계를 초월하는 힘을 발휘하며, 더 나은 미래를 개척할 수 있습니다.

"사람은 자신이 변하면, 운명도 변한다."
- 나쓰메 소세키

進路を描く: 目標設定の 力

我々は未来を自分自身で設計できる者です。この設計を 行 う際、明確な目 標を設定することが基本となります。目 標は我々の行動を 導 くコンパスのようなもので、それを持つことで我々は正しい道を選び、進む 力 を得ます。目 標を設定することは、自分自身の将 来に対するビジョンを明確にし、そのビジョンに向かって努力する計画を立てることがその第一歩です。

$$"七転び八起き。"$$

- 西郷隆盛

設 計 설계 目 標 목표 導 く 지휘하다, 안내하다 明 確 명확 努 力 노력

(해석)

진로를 그리다: 목표 설정의 힘

우리는 미래를 스스로 설계할 수 있는 사람들입니다. 이 설계를 진행할 때, 명확한 목표를 설정하는 것이 기본이 됩니다. 목표는 우리의 행동을 지휘하는 나침반과 같은 것이며, 그것을 갖게 되면 우리는 올바른 길을 선택하고, 전진하는 힘을 얻게 됩니다. 목표를 설정하는 것은, 자신의 미래에 대한 비전을 명확히 하고, 그 비전을 향해 노력하는 계획을 세우는 것이 그 첫 걸음입니다.

"일곱 번 넘어져도 여덟 번 일어난다."

– 사이고 타카모리

成長マインドセットの力：潜在能力発揮する

我々の人生は一冊の本のようであり、その著者は自分自身です。毎日の選択は

一ページ一ページを書き綴ることと同じ、その全てが最終的な章を形作る。

失敗は避けられない要素である一方で、しかし、それは成長の種でもあります。

我々は失敗から学び、それを次のステップへの糧として使う、更なる高みへと進

むべきです。

"可能性は努力する強さに比例する。"
- 松下幸之助

人生 생애, 인생　選択 선택　書き綴る 쓰다, 기록하다　成長 성장　学ぶ 배우다

(해석)

성장 마인드셋의 힘: 잠재력 발휘하기

우리의 인생은 마치 한 권의 책과 같고, 그 저자는 바로 우리 자신입니다. 매일의 선택은 한 페이지 한 페이지를 쓰는 것과 같으며, 그 모든 것이 결국은 마지막 장을 만들어 갑니다. 실패는 피할 수 없는 요소이지만, 그것은 동시에 성장의 씨앗이기도 합니다. 우리는 실패로부터 배워, 그것을 다음 단계로 나아가는 힘으로 활용해야 하며, 더 높은 곳을 향해 나아가야 합니다.

"가능성은 노력하는 강도에 비례한다."
– 마츠시타 코노스케

리더십

—

リーダーシップ

리더십에 대한 책은 효과적인 리더가 되는 데 도움을 줍니다.
커뮤니케이션 기술, 조직 강화, 문제 해결 능력 등
리더십에 필요한 다양한 요소들을 다룰 수 있습니다.

ビジョンあるリーダーシップ
：明るい未来をインスピレーションに

ビジョンを持つリーダーシップは、明るい未来を描く力があります。リーダーは、チームや組織に明確な方向性を提供し、他者を高い目標に導く能力を持っています。彼らは自身の信念に基づき、一貫性を持って行動し、他者とそのビジョンを共有することができます。また、困難な状況でも揺るがず、持続的にチームを指導し、成功へと導く姿勢が求められます。

"人は目標のない船のようだ。"

-吉田松陰

・・・

ビジョン 비전　リーダーシップ 리더십　提供する 제공하다　共有する 공유하다　揺るがず 흔들리지 않고

(해석)

비전있는 리더십: 빛나는 미래를 영감으로

　비전을 가진 리더십은 밝은 미래를 그릴 수 있는 힘을 갖고 있습니다. 리더는 팀이나 조직에 명확한 방향성을 제공하고, 다른 사람들을 높은 목표로 이끄는 능력을 가지고 있습니다. 그들은 자신의 신념을 기반으로 일관되게 행동하며, 다른 사람들과 그 비전을 공유할 수 있습니다. 또한, 어려운 상황에서도 흔들리지 않고, 지속적으로 팀을 지도하며 성공으로 이끄는 태도가 요구됩니다.

"사람은 목표가 없는 배와 같다."

– 요시다 쇼인

ビジョンを持つリーダーシップは、

サービスのリーダーシップ: 利他主義と共感で導く

奉仕するリーダーシップは、他者のために尽くす姿勢が特徴です。この種の
リーダーは、自分の利益よりも他者やチームの利益を優先することで、組織の
信頼を築くことができます。彼らは、他者の意見を尊重する、対話を通じて
関係を深化させます。また、困難な時期でも、無私無欲のサポートとサービスの
精神でチームをサポートし、共に前進する姿勢が求められます。

"七転び八起き。"
- 西郷隆盛

奉仕する 봉사하다　特徴 특징　信頼 신뢰　尊重する 존중하다　深化させる 깊게 하다/깊게 만들다

(해석)

섬김의 리더십: 이타주의와 공감으로 이끄는

　섬김의 리더십은 타인을 위해 헌신하는 태도가 특징입니다. 이런 유형의 리더는 자신의 이익보다 타인이나 팀의 이익을 우선시함으로써 조직 내에서의 신뢰를 쌓을 수 있습니다. 그들은 타인의 의견을 존중하며, 대화를 통해 관계를 더 깊게 형성합니다. 또한 어려운 시기에도 이타적인 정신으로 팀을 지원하며, 함께 나아가는 태도가 요구됩니다.

"일곱 번 넘어져도 여덟 번 일어난다."
– 사이고 타카모리

適応リーダーシップ: 柔軟性と革新で複雑性を探索る

適応するリーダーシップは、柔軟性と革新を持っている、複雑な状況を探索する能力が特徴です。この種のリーダーは、変化の激しい環境に迅速に適応し、新しいアイデアと戦略を探求し、実行する勇気を持っています。彼らは、困難な問題を解決するための創造的なアプローチを開発し、チームと組織の進化を促進します。

"水石流行。"
-鈴木重次

● ● ●

適応 적응　柔軟性 유연성　革新 혁신　探索 탐색　促進 촉진

─── (해석) ───

적응 리더십: 유연성과 혁신으로 복잡성을 탐색하는

적응하는 리더십은 유연성과 혁신을 갖추며, 복잡한 상황을 탐색하는 능력이 특징입니다. 이런 종류의 리더는 변화가 심한 환경에 빠르게 적응하고, 새로운 아이디어와 전략을 탐구하며 이를 실행하는 용기를 가지고 있습니다. 그들은 어려운 문제를 해결하기 위한 창의적인 접근법을 개발하고, 팀과 조직의 발전을 촉진합니다.

"물은 돌을 이길 수 있는 것처럼 유연성이 강함을 이긴다."
– 스즈키 주지

성공 스토리

—

<ruby>成功<rt>せいこう</rt></ruby>ストーリー

성공한 사람들의 이야기를 다룬 책은 영감을 주고 동기부여를 할 수 있습니다.
어려움을 극복하고 목표를 달성하는 과정에서 얻은
교훈과 전략을 공유하는 이야기들을 포함할 수 있습니다.

成功した個人たちからのインスピレーション
：成功のための潜在能力発揮

成功した人々のストーリーは、私たちの潜在能力を引き出すきっかけともなります。彼らは目標に向かって情熱を持って努力し、困難な状況でも諦めずに乗り越える姿勢の重要性を教えてくれます。彼らの経験は私たちにモチベーションと新しい挑戦への勇気をもたらしてくれます。彼らの成功の背後には多くの試練と努力があり、それは私たちに価値ある学びとなります。

"一寸の光陰を惜しむ者は、千丈の功をなす。"
-武田信玄

• • •

ストーリー 이야기　潜在能力 잠재 능력　情熱 열정　諦めず 포기하지 않고　価値 가치

(해석)

성공한 개인들로부터 영감을 얻으며: 성공을 위한 잠재력 발휘하기

　성공한 사람들의 이야기는 우리의 잠재 능력을 꺼내는 계기가 됩니다. 그들은 목표를 향해 열정을 가지고 노력하며, 어려운 상황에서도 포기하지 않고 극복하는 태도의 중요성을 가르쳐 줍니다. 그들의 경험은 우리에게 동기부여와 새로운 도전을 위한 용기를 가져다 줍니다. 그들의 성공 뒤에는 많은 시련과 노력이 있었고, 그것은 우리에게 귀중한 교훈이 됩니다.

"1초의 귀한 시간을 아끼는 자는 천장의 공을 이룬다."
－ 타케다 신겐

挑戦を乗り越えて
：忍耐と成長のインスピレーションをもらう

人生は挑戦の連続です。これらの挑戦を乗り越え、困難を克服することで

人は成長します。この過程で必要不可欠なのは、揺るぎない忍耐の心です。

成功者たちの物語は、私たちにその可能性を示し、失敗から立ち上がる勇気

を教えてくれます。私たちは成功者たちの物語を聞き、自分自身も可能性に

挑戦する勇気を得るのです。

> "困難は人を破壊することもあれば、人を創造することもある。"
> - 豊田章男

人生 인생　挑戦 도전　成長 성장　忍耐 인내　成功者 성공자

(해석)

도전을 극복하며: 인내와 성장의 영감을 주는 이야기

　인생은 연속된 도전입니다. 이러한 도전들을 극복하고 어려움을 이겨내는 과정에서 사람은 성장합니다. 이 과정에서 절대적으로 필요한 것은 흔들리지 않는 인내의 마음입니다. 성공한 이들의 이야기는 우리에게 그런 가능성을 보여주며, 실패 이후에 다시 일어설 수 있는 용기를 가르쳐줍니다. 우리는 그들의 이야기를 듣고, 스스로도 그 가능성에 도전하는 용기를 얻게 됩니다.

"어려움은 사람을 파괴하기도 하고, 사람을 창조하기도 한다."
— 토요다 아키오

逆境を乗り越える
: 個人的な業績を達成するインスピレーション

逆境を乗り越え、個人的な成果を上げる物語は、人々に大きな刺激を与えます。困難が訪れた時、多くの人はその時挫折を感じ、道を諦めるかもしれません。しかし、逆境でも、自分自身を信じ、一歩一歩確実に進む姿勢が、最後には勝利をもたらすと信じる人々がいます。これらの人々は、不屈の精神で困難を克服し、人生における重要な勝利を手に入れます。

"七転び八起き。"

- 清原 紘

• • •

逆境 역경 成果 성과 挫折 좌절 信じる 믿다 克服 극복

(해석)

역경을 이기다: 개인적인 업적을 이룬 영감을 주는 이야기

  역경을 극복하고 개인적인 성과를 올리는 이야기는 사람들에게 큰 자극을 줍니다. 어려움이 찾아왔을 때, 많은 사람들은 그 순간에 좌절을 느끼고 길을 포기할지도 모릅니다. 그러나, 역경 속에서도 스스로를 믿고 한 발 한 발 확실히 나아가는 자세를 가진 사람들은 결국 승리를 가져올 것이라 믿습니다. 이런 사람들은 불굴의 정신으로 어려움을 극복하고 인생에서 중요한 승리를 거두게 됩니다.

"일곱 번 넘어져도 여덟 번 일어난다."

― 키요하라 히로시

긍정적인 생각

こうていてき　かんが
肯定的な 考 え

긍정적인 마인드 셋을 개발하는 것은
성공과 행복을 추구하는 데 중요한 요소입니다.
긍정적인 사고방식, 자기 자신에 대한 신뢰,
어려움에 대한 긍정적인 관점을 다룬 책을 추천해 드립니다.

楽観主義の 力：成功への肯定的な態度の受容

楽観主義の 力 は計り知れません。成功の道は、前向きな態度と正しい 心 の

持ち方から始まります。多くの困難や挑 戦 が待っているかもしれませんが、

楽観的に物事を見ることで、それらの障 害 を乗り越える勇気と 力 を得ること

ができます。また、このような肯定的な視点は、自分自身と他人に対する積 極

的な態度を生むことで、より良い未来を築く手助けをしてくれます。

> "考 え方を変えることで、見る世界も変わる。"
>
> - 大江健三郎

・・・

楽観主義 낙관주의   成功 성공   前向きな 긍정적인   乗り越える 극복하다   築く 세우다

(해석)

낙관주의의 힘: 성공을 향한 긍정적인 태도의 수용

낙관주의의 힘은 측정할 수 없습니다. 성공으로 가는 길은 긍정적인 태도와 올바른 마음가짐으로 시작됩니다. 많은 어려움과 도전이 기다리고 있을지라도, 낙관적으로 사물을 바라보는 것으로 이러한 장애물을 극복하는 용기와 힘을 얻을 수 있습니다. 또한, 이런 긍정적인 시각은 자신과 타인에 대한 적극적인 태도를 낳게 되어, 더 나은 미래를 만드는 데 도움을 줍니다.

"생각하는 방법을 바꾸면, 보는 세계도 변한다."

- 오에 겐자부로

感謝の芸術: 肯定的な生活を育む

感謝の心は、人生を明るく、ポジティブに変える力があります。日々の生活の中で、些細なことにも感謝を見出すことは、心に安らぎを与え、ストレスを減少させます。これによって、人々は穏やかで幸せな状態を享受することができ、その結果、人生全体の質が向上します。毎日の習慣として感謝の瞬間を見つけ、それを大切にすることは、豊かな人生を築く基盤です。

"小さなことに感謝する心が、大きな幸福を引き寄せる。"

- 桐谷健太

感謝 감사　人生 인생　安らぎ 안정　習慣 습관　豊か 풍요로움

(해석)

감사의 예술: 긍정적인 삶을 기르다

　감사하는 마음은 인생을 밝고 긍정적으로 바꾸는 힘이 있습니다. 일상 속에서도 사소한 것에 대한 감사를 발견하는 것은 마음에 평온함을 가져다주며 스트레스를 줄여줍니다. 이로 인해 사람들은 평화롭고 행복한 상태를 누릴 수 있게 되며, 그 결과로 인생의 전체적인 품질이 향상됩니다. 매일의 습관으로 감사의 순간을 찾아내고 그것을 소중히 여기는 것은 풍요로운 인생을 구축하는 기반입니다.

"작은 것에 감사하는 마음이 큰 행복을 끌어당긴다."

– 키리타니 켄타

肯定的な自己対話の 力
:個人的な成長と成功を引き出す

自分自身との対話は、自分の成長と成功に大変重要です。常にポジティブな

自己対話を持つことは、自信を高め、目標に向かって進むエネルギーを与えま

す。自己暗示の 力 を利用し、自分を信じ、挑戦を続ける勇気を 育 むことは、

生涯学習の姿勢を形成し、人生をより有意義なものにします。

<blockquote>
"自分の言葉で自分を磨く。これが 最 も 強 力 な武器だ。"
- 美輪明 宏
</blockquote>

・ ・ ・

対話 대화　成 長 성장　自信 자신　挑 戦 도전　有意義 의미있음

─(해석)─

긍정적인 자기 대화의 힘: 개인적인 성장과 성공을 끌어내다

　자기 자신과의 대화는 개인의 성장과 성공에 매우 중요합니다. 항상 긍정적인 자기 대화를 갖는 것은 자신감을 높이고, 목표를 향해 나아가는 에너지를 줍니다. 자기암시의 힘을 활용하여 자신을 믿고 도전을 계속하는 용기를 길러내는 것은 평생 학습의 태도를 형성하게 하고, 인생을 더 의미있게 합니다.

"자신의 말로 자신을 닦는다. 이것이 가장 강력한 무기이다."
− 미와 아키히로

시간 관리

じかんかんり
時間管理

효율적인 시간 관리는 성공적인 삶을 살기 위해 필수적입니다.
시간을 효과적으로 계획하고 우선순위를 정하는 방법.
작업을 완료하는 데 필요한 스킬 등에 대한 책을 고려해 보세요.

生産性の最大化: 効果的な作業優先順位設定の技術

生産性を最大限に高めるためには、効果的な仕事の優先順位の設定が不可欠です。まず、目標を明確にし、それに基づくタスクをリスト化することが大切です。次に、重要かつ緊急なタスクを最初に取り組むこと、そして常に進捗を確認しながら、効率よく時間を使う方法を学ぶことが肝要です。

"時間は最も価値のある財産である。"
- 福沢諭吉

生産性 생산성　優先順位 우선순위　目標 목표　効率 효율　進捗 진적

(해석)

生산성 극대화: 효과적인 작업 우선순위 설정의 기술

생산성을 최대한 높이기 위해서는 효과적인 작업 우선순위 설정이 필수입니다. 먼저, 목표를 명확하게 하고, 그에 기반한 작업을 리스트화하는 것이 중요합니다. 다음으로, 중요하면서도 긴급한 작업을 먼저 다루는 것, 그리고 항상 진척 상황을 확인하면서 효율적으로 시간을 사용하는 방법을 배우는 것이 매우 중요합니다.

"시간은 가장 가치 있는 재산이다."
– 후쿠자와 유키치

成功への道: 効果的な目標設定と時間管理の習得

成功への道を切り開くには、効果的な目標設定と時間管理の技術の習得が欠かせません。具体的かつ達成可能な目標を設定し、それに対する行動計画を明示することが始まりです。目標に向かって進むための時間割を作成し、それを実行することで自己実現へとつながります。

“時間とは、最も公平な資源である。”

- 渋沢栄一

成功 성공　目標設定 목표 설정　時間管理 시간 관리　行動計画 행동 계획　実行する 실행하다

(해석)

성공을 향한 길: 효과적인 목표 설정과 시간 관리의 습득

　성공으로 가는 길을 열기 위해서는, 효과적인 목표 설정과 시간 관리 기술의 습득이 필수적입니다. 구체적이면서도 달성 가능한 목표를 세우고, 그에 대한 행동 계획을 명시하는 것이 시작입니다. 목표를 향해 나아가기 위한 시간표를 작성하고, 그것을 실행함으로써 자기 실현으로 이어집니다.

“시간은 가장 공정한 자원이다.”
— 시부사와 에이이치

先延ばしを克服: 生産性発揮と成功達成

先延ばしを克服することは、生産性を向上させる、成功を実現するための重要なステップです。そのための第一歩は、自分自身の先延ばしの理由を理解し、それを解消する方法を見つけることです。計画的に日常の業務に取り組む姿勢が、この問題を解決する鍵となります。

"遅すぎると感じたとき、それが始めるための最良の瞬間である。"
- 織田信長

克服 극복　生産性 생산성　理解 이해　解消 해결　計画的 계획적

(해석)

미루기 극복: 생산성 발휘와 성공 달성

　끝없이 미루는 습관을 극복하는 것은 생산성을 향상시키고, 성공을 이루기 위한 중요한 단계입니다. 이를 위한 첫걸음은 스스로의 미루기 습관의 원인을 이해하고, 그것을 해결할 방법을 찾는 것입니다. 일상 업무를 계획적으로 접근하는 태도가 이 문제를 해결하는 핵심입니다.

"늦었다고 느낀 순간, 그게 시작하기 위한 최적의 시간이다."
– 오다 노부나가

MP3

금융 관리

―

きんゆうかんり
金融管理

금전적인 측면에서의 스마트한 결정은
안정적인 경제적인 미래를 위해 중요합니다.
예산 관리, 투자 전략, 부동산 투자 등
금융 관리에 관한 책을 검토해 보세요.

個人財務管理の達人: 財務成功のための予算編成

個人の財務を管理することは、安定した未来を築くための基本です。そのためには、明確な予算計画が不可欠です。予算をしっかりと計画し、支出をコントロールする技術を磨くことが、財務的な成功に繋がります。毎月の収支を追跡し、無駄 遣 を減らす努力が、健全な財務管理の第一歩となります。

> "貯金は小さい積み重ねが大きな財産を築く。"
>
> - 清 少 納言

. . .

財務 재무　**管理する** 관리하다　**予算計画** 예산계획　**磨く** 연마하다　**追跡** 추적

(**해석**)

개인 재정 관리의 석학: 재무 성공을 위한 예산 편성

개인의 재무 관리는 안정된 미래를 구축하기 위한 기본입니다. 그러기 위해서는 명확한 예산 계획이 필수적입니다. 예산을 철저히 계획하고, 지출을 통제하는 기술을 연마하는 것이 재무적 성공으로 이어집니다. 매월의 수입과 지출을 추적하고, 불필요한 지출을 줄이려는 노력은 건전한 재무 관리의 첫걸음이 됩니다.

> "저축은 작은 적립이 큰 재산을 쌓는다."
>
> – 세이쇼 나곤

財産成長のための投資：財政的成功の道を歩む

資産を増やすためには、賢明な投資戦略が不可欠です。投資はただの貯金を超えるものであり、資産を積極的に増やす手段の一つです。市場の動向を理解し、リスクをコントロールしながら最適な投資先を見極め、資本を増やす力を養うことが大切です。

> "資産は守るものではなく、増やすものである。"
> - 井伏鱒二

資産 자산　投資戦略 투자 전략　市場の動向 시장의 동향　リスク 리스크　資本 자본

(해석)

재물 성장을 위한 투자: 재정적 성공을 위한 길을 걷다

자산을 늘리기 위해서는 현명한 투자 전략이 필수적입니다. 투자는 단순한 저축을 넘어서는 것이며, 자산을 적극적으로 늘리는 수단 중 하나입니다. 시장의 동향을 이해하고, 위험을 관리하면서 최적의 투자처를 판별하고, 자본을 늘리는 능력을 기르는 것이 중요합니다.

"자산은 지키는 것이 아니라 늘리는 것이다."
— 이부세 마스지

債務管理の習得：財政的自由のための道を作る
<small>さいむかんり　しゅうとく　ざいせいてきじゆう　　　　　　　　　みち　つく</small>

借金は個人の財務状況を大きく左右します。適切な借金管理は、健全な

金融状況を築く基本です。借金を返済する計画を立て、実行に移すことで、

長期的な安定と繁栄に繋げることができます。そのため、自分の支出をしっかり

とコントロールし、無理なく返済計画を進めることが重要です。

"借金は未来の自由を奪う。"

- 堀江貴文

借金 부채　　財務状況 재무 상황　　返済計画 상환 계획　　支出 지출　　安定 안정

(해석)

부채 관리 숙달하기: 재정적 자유를 위한 길을 만들다

　부채는 개인의 재무 상황에 큰 영향을 줍니다. 적절한 부채 관리는 건전한 재무 상태를 구축하는 기본입니다. 빚을 상환하는 계획을 세우고 이를 실행함으로써, 장기적인 안정과 번영을 이룰 수 있습니다. 그러므로, 자신의 지출을 철저히 관리하고, 부담 없이 상환 계획을 진행하는 것이 중요합니다.

"부채는 미래의 자유를 빼앗는다."
－ 호리에 타카후미

お金が使えなくなってしまうことが多くなります

건강과 웰빙

<ruby>健康<rt>けんこう</rt></ruby>とウェルビーイング

건강과 웰빙은 행복하고 성공적인 삶을 위한 필수 요소입니다.
신체적, 정신적, 감정적인 건강을 증진시키는 방법,
운동, 영양, 명상 등에 대한 책을 고려해 보세요.

全般的なウェルビーングのための精神健康の育成

総合的な幸福感を促進するためには、精神的健康を育むことが不可欠です。自己理解を深め、ポジティブな自己対話を持つことで、心の平和と安定を築くことができます。また、瞑想や呼吸法の練習を通じて、精神のリラックスを実現し、ストレスを効果的に軽減できます。

<blockquote>

"心の平和が健康の基本である。"
- 池田大作

</blockquote>

• • •

幸福感 행복감　深める 깊게 하다　ポジティブ 긍정적인　瞑想 명상　軽減 경감

(해석)

전반적인 웰빙을 위한 정신 건강 육성

종합적인 행복감을 증진시키기 위해서는 정신적 건강을 길러야 합니다. 자아를 깊게 이해하고 긍정적인 자기 대화를 갖는 것으로 마음의 평화와 안정을 이룰 수 있습니다. 또한, 명상이나 호흡법의 연습을 통해 정신을 편안하게 하고, 스트레스를 효과적으로 줄일 수 있습니다.

"마음의 평화가 건강의 기본이다."
– 이케다 다이사쿠

回復力を育む: 効果的なストレス管理戦略

回復力を高めるためには、ストレス管理の戦略が重要です。自分自身の感情を理解し、適切な方法で感情を表現する能力は、ストレスを減少させる上で大切です。リラックス法や深呼吸、運動や趣味を楽しむことは、メンタルヘルスを維持し、生活の質を高める助けとなります。

> "乱れた心は乱れた体をつくる。"
> - 井上円了

回復力 회복력　理解 이해　表現する 표현하다　リラックス法 이완법　維持する 유지하다

회복력 키우기: 효과적인 스트레스 관리 전략

회복력을 높이기 위해서는 스트레스 관리 전략이 중요합니다. 자신의 감정을 이해하고, 그것을 적절한 방법으로 표현하는 능력은 스트레스를 감소시키는 데에 필수적입니다. 이완법이나 심호흡, 운동이나 취미 활동을 즐기는 것은 정신 건강을 유지하고, 생활의 질을 향상시키는 데 도움이 됩니다.

> "불안정한 마음은 불안정한 몸을 만든다."
> – 이노우에 엔료

体に栄養を供給する: 適切な栄養摂取と運動の計画

身体に必要な栄養を供給することは、健康を維持する基本です。体の機能を正常に保つためにはバランスの良い食事が必要です。それによって、免疫を強化し、エネルギーを維持します。ビタミン、ミネラル、タンパク質などの栄養素を摂取することで、心と体の健康をサポートします。

"身体が資本だ。"

- 井伏鱒二

● ● ●

身体 신체　供給する 공급하다　正常 정상　免疫 면역　サポート 서포트, 지원

(해석)

몸에 영양 공급하기: 적절한 영양 섭취와 운동 계획

체내에 필요한 영양을 공급하는 것은 건강을 유지하는 기본입니다. 몸의 기능을 정상적으로 유지하기 위해서는 균형 잡힌 식사가 필요합니다. 그것을 통해 면역력을 강화하고, 에너지를 유지할 수 있습니다. 비타민, 미네랄, 단백질 등의 영양소를 섭취함으로써, 마음과 몸의 건강을 지원합니다.

"몸이 자본이다."

– 이부세 마스지

자기탐구

—

<ruby>自<rt>じ</rt></ruby> <ruby>己<rt>こ</rt></ruby> <ruby>探<rt>たん</rt></ruby> <ruby>求<rt>きゅう</rt></ruby>

자기를 이해하고 자기 신념을 발전시키는 것은
인생의 여정에서 중요한 과정입니다.
자아 발견, 목표 설정, 자아 성장 등에 관한 책을 검토해 보세요.

調和の取れた生活: 価値発見の 力

調和の取れた生活を送るためには、自分自身の価値観を明確にすることが重要です。そのためには、自己を深く理解し、何を大切にし、どのような生き方を選ぶのかを 考えることが含まれます。価値観を見つけ出すと、日 常の選択が明確になり、ストレスを減少させ、より幸福な生活を実現する 力 を持つことができます。

"自分自身を知ることが、真の知識である。"
- 岡倉覚三

調和 조화　価値観 가치관　理解 이해　減少 감소　実現 실현

(해석)

조화로운 삶: 가치 발견의 힘

　조화로운 삶을 위해선 스스로의 가치관을 명확히 하는 것이 중요합니다. 그렇기 위해서는 자신을 깊이 이해하고, 무엇을 소중하게 생각하며, 어떠한 삶을 선택할 것인지를 고민하는 것이 포함됩니다. 가치관을 찾아내면 일상의 선택이 더욱 명확해지고, 스트레스를 줄일 수 있으며, 더 행복한 삶을 실현할 힘을 갖게 됩니다.

"자신을 아는 것이, 참 지식이다."
– 오카쿠라 카쿠조

自己反省の 力：個人成長を 導く鍵

自己反省は、自分自身の行動や 考 えを冷静に評価し、改善のための手段を 見つけるプロセスです。このプロセスを通じて、過去の行動から学ぶことがで き、新たな道を開く 力 を 培 うことができます。自己反省は、持続的な成 長と 進化のために不可欠なステップです。

“過去の自分に勝つ。それが、真の進化だ。”
- 井上雄 彦

自己反省 자기 반성　評価する 평가하다　学ぶ 배우다　開く 열다　成 長 성장

(해석)

자기 반성의 힘: 개인 성장을 이끄는 열쇠

자기반성은 자신의 행동과 생각을 차분하게 평가하고, 개선 방안을 찾아내는 과정입니다. 이 과정을 통해 우리는 과거의 행동에서 배울 수 있으며, 새로운 길을 여는 능력을 키울 수 있습니다. 자기반성은 지속적인 성장과 발전을 위한 필수적인 단계입니다.

"과거의 자신을 이기는 것. 그것이 진정한 발전이다."
– 이노우에 타케히코

誠実性を受け入れる: 本当の人生を送る方法

真実性を受け入れることは、自分の感情と真摯に向き合うことから始まります。自己を偽らず、感情や考えを認め、それに基づいて行動を起こすことが大切です。この姿勢は、自己肯定感を高め、人間関係や職場での関わりにも良好な影響をもたらします。豊かな人生を歩む道となります。

> "自分を偽ることなく、真実の自分を生きる勇気。
> それが真の幸福だ。"
> - 吉本ばなな

真実性 진실성　向き合う 마주하다　認める 인정하다　影響 영향　豊か 풍요로움

(해석)

진실성 받아들이기: 진정한 삶을 사는 법

진실성을 받아들이는 것은 자신의 감정과 진정성 있게 마주하는 것부터 시작됩니다. 자신을 속이지 않고, 감정이나 생각을 인정하며, 그에 기반하여 행동하는 것이 중요합니다. 이러한 태도는 자존감을 높이고, 인간관계나 직장에서의 교류에도 좋은 영향을 미칩니다. 그것이 풍요로운 삶을 걷는 길이 됩니다.

"자신을 속이지 않고, 진정한 자신을 살아가는 용기. 그것이 진정한 행복이다."
– 요시모토 바나나

창의성

—

<ruby>そうぞうせい</ruby>
創造性

창의성은 문제 해결, 혁신, 자기표현 등에 필요한 능력입니다.
창의적인 사고방식, 아이디어 발전,
예술과 디자인 등에 대한 책을 추천해 드립니다.

創造的思考を育てる:革新的潜在力を解きほぐす

創造的思考を育むためには、常に新しい視点を持ち、限界を超えた発想を重視することが大切です。これには、日常の固定観念や習慣から脱却する勇気や、既存の枠組みに縛られない姿勢が求められます。また、多様な経験を積むことで、視野を広げ、より深い理解と独自のアイデアを形成する力を育むことができます。

"新しい世界を創るには、新しい視点が必要だ。"

- 村上春樹

- - -

創造的思考 창조적 사고　視点 시각　脱却する 벗어나다　経験 경험　形成する 형성하다

(해석)

창의적 사고 기르기: 혁신적 잠재력 풀어나가기

창조적 사고를 길러내기 위해서는 항상 새로운 시각을 가져야 하며, 한계를 넘어서는 생각을 중요시하는 것이 중요합니다. 이를 위해선 일상의 고정관념이나 습관에서 벗어나는 용기와, 기존의 틀에 구애받지 않는 태도가 요구됩니다. 또한 다양한 경험을 쌓음으로써 시야를 넓히고, 보다 깊은 이해와 독특한 아이디어를 형성하는 능력을 키울 수 있습니다.

"새로운 세계를 창조하려면, 새로운 시각이 필요하다."

– 무라카미 하루키

創意的な 協 業 を 育てる：集団的な創意 力 を 解きほぐす

創造的な 協 力 を 育 むには、他人とのコミュニケーションを大切にし、異な

る視点を尊 重する姿勢が重 要です。互いに理解を深め、信頼を築くことで

協 力 的な環 境 を構築し、新たなアイデアを生み出すことができます。効果的

なフィードバックと、開かれた対 話 を通じ、より高いレベルの創造 力 を実現で

きます。

> "一人では到達できない 所 に、 協 力 で行くことができる。"
> - 坂本龍馬

創造的 창조적　協 力 협력　コミュニケーション 커뮤니케이션, 소통　尊 重 존중　理解 이해

(해석)

창의적인 협업 기르기: 집단적인 창의력 풀어나가기

창의적인 협력을 기르기 위해서는 타인과의 소통을 중요시하고 , 다양한 시각을 존중하는 태도가 중요합니다 . 서로 이해를 깊게 하고 , 신뢰를 쌓음으로써 협력적인 환경을 구축하고 새로운 아이디어를 만들어낼 수 있습니다 . 효과적인 피드백과 개방된 대화를 통해 더 높은 수준의 창조력을 실현할 수 있습니다 .

> "혼자서는 도달할 수 없는 곳에, 협력으로 갈 수 있다."
> – 사카모토 료마

創造性を拡張する
:日常生活のインスピレーションを与える

創造性を拡大するためには、新しいインスピレーションを見つけることが非常に重要です。日常生活の中で意識的に散歩をして自然の美しさに触れたり、多岐にわたるジャンルの本を読んだり、異なる文化との交流を経験することとは大変価値があります。さまざまな活動を通じて、新しい視点やアイディアを得ることができ、結果として創造力を高めることができます。

"普通のことを普通でないように考えれば、新しい世界が開ける。"
- 黒柳徹子

創造性 창조성　インスピレーション 영감　散歩 산책　価値 가치　高める 높이다

(해석)

창의성 확장하기: 일상 속 영감 넣기

창조성을 확대하기 위해서는 새로운 영감을 찾는 것이 매우 중요합니다. 일상 생활 속에서 의도적으로 산책하며 자연의 아름다움을 느끼거나, 다양한 장르의 책을 읽는 것, 또는 다른 문화와의 교류 경험은 큰 가치가 있습니다. 이러한 다양한 활동을 통해 새로운 시각이나 아이디어를 얻을 수 있고, 그 결과로 창조력을 높일 수 있습니다.

"평범한 것을 평범하지 않게 생각하면, 새로운 세상이 열린다."
– 쿠로야나기 테츠코

관계

—

かんけい
関係

건강한 관계는 행복하고 만족스러운 삶을 위해 필수적입니다.
가족, 친구, 동료와의 관계 형성, 커뮤니케이션 기술,
갈등 해결 등에 관한 책을 고려해 보세요.

有意義な関係を築く: 強い関係を育てる

有意義なつながりを育むためには、関係を強くすることが不可欠です。相手の背景や経験、価値観を理解し、尊重する姿勢が必要です。日常のコミュニケーションでは思いやりのある態度を大切にすることが求められます。信頼のある関係は、一貫した誠実な態度で築かれます。その結果、人間関係が向上することが期待できます。

"人と人とのつながりは、心の豊かさを生む。"

-岸田 秀

• • •

有意義 의미 있음　関係 관계　尊重 존중　思いやり 배려　向上 향상

(해석)

의미 있는 관계 키우기: 강한 관계를 육성하기

의미있는 관계를 육성하기 위해서는 관계를 강화하는 것이 필수적입니다. 상대방의 배경, 경험, 가치관을 이해하며, 그것을 존중하는 태도가 필요합니다. 일상 속의 대화에서는 배려 있는 태도를 중요시해야 합니다. 신뢰 기반의 관계는 지속적인 성실한 태도로 형성됩니다. 그 결과로 인간 관계가 향상될 것이라 기대할 수 있습니다.

"사람과 사람과의 연결은 마음의 풍요를 낳는다."

– 키시다 슈

交感の力：効果的なコミュニケーションの力

創造的な協力を育むためには、チームの一員としての責任を持ち、他者の意見や考えを尊重することが欠かせません。また、新しいアイデアや提案を積極的に共有し合う姿勢が重要です。メンバー同士が互いにインスピレーションを与えあい、高めあう環境を築くことで、集団全体の創造性や能力を最大限に引き出すことができます。

" 一人では到達できない場所に、一緒に立てる力が協力だ。"
- 佐野洋平

創造的 창의적　協力 협력　尊重 존중　共有 공유　引き出す 끌어내다, 발휘하다

(해석)

교감의 힘: 효과적인 커뮤니케이션의 힘

　창의적인 협력을 길러내기 위해서는 팀의 일원으로서의 책임을 지녀야 하며, 다른 사람의 의견이나 생각을 존중하는 것이 필수적입니다. 또한, 새로운 아이디어나 제안을 적극적으로 공유하는 태도가 중요합니다. 멤버 간에 서로 영감을 주고받으며 서로를 높여주는 환경을 조성함으로써, 집단 전체의 창의성과 능력을 최대한 발휘할 수 있습니다.

"혼자서는 도달할 수 없는 곳에, 함께 서게 하는 힘이 협력이다."
— 사노 요우헤이

衝突解決: より強い関係を築くこと

対立や衝突は、関係を築く過程で避けられないものです。重要なのは、衝突を否定するのではなく、解決の方法を学びながら、相手との信頼を深める態度を持つことです。効果的なコミュニケーション技術を駆使して、より強い関係を築くことが可能です。

"人との関係で一番大切なことは、相手を理解することだ。"
- 村上春樹

対立 대립   解決 해결   信頼 신뢰   駆使 활용   可能 가능

(해석)

충돌 해결: 더 강한 관계를 기르는 것

대립이나 충돌은 관계를 형성하는 과정에서 피할 수 없는 것입니다. 중요한 것은 충돌을 부정하는 것이 아니라, 해결 방법을 배우면서 상대와의 신뢰를 깊게 하는 태도를 가지는 것입니다. 효과적인 커뮤니케이션 기술을 활용하여 더욱 강한 관계를 구축할 수 있습니다.

"사람과의 관계에서 가장 중요한 것은, 상대를 이해하는 것이다."
– 무라카미 하루키

30일간 하루 10분 일본어 필사

초판 1쇄 인쇄 2023년 10월 4일
초판 1쇄 발행 2023년 10월 24일
    3쇄 발행 2024년 12월 9일

지은이   AI 편집부
발행인   임충배
홍보/마케팅   양경자
편집   김인숙, 왕혜영
디자인   이경자, 김혜원
펴낸곳   마들렌북
제작   (주)피앤엠123

출판신고 2014년 4월 3일
등록번호 제406-2014-000035호

경기도 파주시 산남로 183-25
TEL 031-946-3196 / FAX 050-4244-9979
홈페이지 www.pub365.co.kr

ISBN 979-11-92431-36-9 13730
© 2024 마들렌북